SUR LA LUNE

Recueil de poèmes

Paulin GACLI

Solara Editions

SUR LA LUNE

Recueil de poèmes

Copyright 2019 © Paulin GACLI

ISBN 978-1-947838-25-3

Solara Editions
New York, Paris, Cotonou

###

Couverture: Dallys-Tom Medali

###

Page web: www.livres.us
Editeur: editeur@livres.us
Auteur: paulin@livres.us
Facebook: @ArtLit7
Twitter: @AfroBooks

AVANT- PROPOS

«Il est de certaines choses dont la médiocrité soit insupportable : la poésie, la musique, la peinture, le discours public. » avertit Jean de la BRUYERE dans son livre *Les Caractères* pour montrer la minutie que requiert l'art d'écrire, de s'exprimer avec éclat et beauté. Mais quand avec un cœur d'homme on s'en tient, l'on se résout au grand silence, tant la méfiance démobilise notre entreprise, et met en crise tout l'effort qui naît de nos sentiments, de nos inspirations, de notre volonté, de nos villosités brûlant de détermination, en un mot, de nous.

Restera-t-on alors sans idéal eu égard au péril en demeure ? Il n'y aura plus de création ; et la poésie sera aussi sans poètes après les illustres figures de grande facture qui lui ont imprimé goût, saveur, et ampleur. Le monde de la poésie est vaste et ample de par les nombreuses œuvres dont le génie est sans déni. C'est aussi une voie qui engage d'autres curiosités et marches. De la littérature classique grecque à la littérature classique latine, le patrimoine déborde l'intuition avec un Euripide à la tragédie jamais insipide, ou un Horace à la plume vorace. Mais c'est encore plus entrainant avec Origène, ce monstre sur les origines de Minucius, même si acris et vehementis genii[1] le qualifie Saint Jérôme,

---

[1] Saint Jérôme (vir.ill.53), cité par Heinrich HOPPE, Antichità classica e cristiana, Paideia Editrice, p.29.

jusqu'à Saint Thomas à sa table d'Aquin, ce requin de l'Océan infini de la littérature classique chrétienne.

Je m'initie ici, à travers ce petit recueil de poèmes, à construire des vers, à leur donner un sens, et peut-être un sourire. « Caressez longuement votre phrase, et elle finira par sourire. » Tel est le stimulant qu'Anatole de France inocule à mon inextinguible envie d'écrire ce que j'appelle des poèmes. J'ai caressé ces phrases du recueil qui m'ont offert leur sourire. Peut-être est-il trop tôt, fulmineront les gros bourdons. Mais elles m'ont souri dans ma contemplation de la vie quotidienne, et surtout du Mystère du salut où le Verbe prend nos mots et il n'y a plus de paroles en notre bouche. Un monde merveilleux pour les yeux qui ne voient plus ce que la main écrit. Un monde où le Mystère du salut se met en poèmes sur des paperasses éparses. Un monde de sourire. Un monde !

PREFACE

J'ai rencontré pour la première fois le Père Gacli dans le petit village de Thoiry, dans les Yvelines, où il célébrait la messe durant ses séjours en France. Juste retour des choses, que cette présence de prêtres africains dont le service parmi nous est comme une belle reconnaissance implicite du labeur des missionnaires qui ont porté l'Evangile dans ces pays lointains des leurs, et auxquels S. E. le cardinal Sarah a rendu un magnifique hommage dans son livre d'entretiens « Dieu ou rien ». Aujourd'hui, n'y aurait-il pas besoin que l'on vînt de loin pour ré-évangéliser la France ? En tous cas cette aide était précieuse pour une petite équipe sacerdotale qui devait animer la prière de treize villages, naguère paroisses indépendantes, aujourd'hui fusionnées du fait du manque de prêtres et de vocations sacerdotales. J'étais admiratif des homélies concises, précises et profondes de ce jeune prêtre Béninois, venu poursuivre à Rome des études classiques.

Indépendamment de mon parcours universitaire, qui m'a porté vers l'Extrême-Orient plutôt que vers l'Afrique, je suis une personnalité politique modeste mais controversée. Et sans pratiquer de repentance excessive, je puis dire que je n'ai pas toujours donné dans mon combat politique l'exemple de vertus évangéliques, assez peu pratiquées il est vrai dans ces milieux. J'ai donc été à la fois étonné et honoré que le P. Gacli m'ait sollicité d'écrire cette modeste préface de son recueil de poèmes. Cet honneur qui m'est fait témoigne en tous cas de son absence de préjugés !

Car le R.P. Gacli n'est pas seulement un théologien. C'est un poète. Il a raison. On sait depuis les psaumes bibliques que la poésie est l'un des moyens d'accès aux réalités supérieures, car l'Homme marche sur deux jambes : la sensibilité sans la raison est vaine émotivité ; la raison sans la sensibilté est sécheresse de l'esprit.

En parcourant les poèmes du père Gacli, des questions bien diverses peuvent surgir à notre esprit : Qu'y a-t-il de plus anodin en apparence qu'un arbre ou un fruit, mais aussi de plus surprenant qu'un homme confronté à un ciel orageux ou étoilé, de plus énigmatique que les grandes étapes de la vie du Christ ?

Cet ouvrage constitue le véritable journal intime d'un homme face au plus minime des évènements comme au plus profond des questionnements de la vie chrétienne.

Oscillant entre descriptions métaphoriques et rationnelles, le R.P Gacli offre une vision particulièrement touchante de la beauté du divin dans la diversité des situations dans lequel il a pu se trouver. L'ouvrage montre bien la progression d'une vie à deux niveaux qui dialoguent harmonieusement : un homme face à la vie, un chrétien face à la foi.

Ainsi, le lecteur s'apprête à entrer dans ce voyage au cœur du chemin emprunté par l'auteur, qui fait étape à la fois dans le quotidien de l'Humanité et dans la singularité de la puissance spirituelle. Grâce à la beauté des mots, à la procession des sonorités, au ruissellement des rimes et au ricochet des symboles, il est possible de passer en un instant de la lecture à la rêverie, mais aussi de la rêverie à la prière. De plus, les adresses directes de l'auteur à Dieu, mettent le langage au service de l'oraison et magnifient le recueillement.

En évoluant au fil des poèmes, un lien se crée avec l'auteur et ses pérégrinations. Ses textes nous apparaissent alors comme autant de dédicaces et légendes au bas d'un album photo, nous rendant familières ses différentes haltes aussi bien en Afrique, qu'en Europe, unissant le passé au présent.

Cela nous rappelle qu'à chaque fois que nos pas s'attardent en un endroit ou une situation, il est possible d'y trouver une joie simple. Et de même, à chaque fois que notre esprit part flâner dans les mystères de la vie, il est possible de revenir le cœur chargé d'illuminations gratifiantes.

Le choix des mots utilisés montre que l'usage de la langue, dans toutes ses subtilités, est un moyen d'associer, au sein de la narration d'une expérience personnelle, des raisonnements passionnés à l'ébauche d'une louange divine.

La quête du salut annoncée dans la deuxième partie présente l'enjeu final, qui pousse l'auteur, et a fortiori chaque être, à user de ses talents au profit de cette cause plus grande, qu'est la recherche de la vérité universelle.

S'il y a bien un message qu'il faut retenir de ce témoignage, c'est qu'il est possible, à partir de la simplicité des aspects de la vie humaine, de faire naître un émerveillement qui conduit à la confiance en Jésus de Nazareth, et à réfléchir sur la grandeur et la puissance de Celui qui s'est révélé comme « la Voie, la Vérité, la Vie ». En foulant chacune de ces marches, l'Homme monte patiemment vers la joie véritable.

En partageant les évènements que l'auteur a vécus, il nous est possible de trouver un éclairage sur certaines facettes de notre propre vie temporelle et spirituelle.

Alors, si vous vous apprêtez à lire ce recueil, juste milieu entre carnet de bord et livret de prière, puisse la découverte de ces poèmes vous permettre de reconnaître avec le Père Gacli, la présence divine dans la création et dans l'expérience humaine.

Mr Bruno GOLLNISCH,

Spécialiste des langues orientales,

député au parlement européen.

Liste de poèmes

Resurrection

Ascension

Pentecôte

Assomption

Vierge Marie de Dieu

Sainte Trinité

L'Immaculée

Dans la barque

Mère église

Ma première neige

On en entendait parler souvent dans les livres,
On en entendait parler jusqu'à devenir ivres.
Mais cette nuit-là, ce matin du dimanche,
Cette aurore sur les toits est toute blanche.

La nature a revêtu sa robe de neige,
Désormais la barbe blanche a pris son siège
Sur la couronne des maisons environnantes,
Dans les jardins de fleurs et les prairies latentes.

Le grand cyprès a perdu son vert de midi
Et le petit colibri a rangé son cri ;
Même notre Roi Soleil là-haut quand il brille
Aucun grain lumineux maintenant ne distille.

Elle ne cesse point de pleuvoir du ciel,
Cette neige blanche et à nulle autre pareille.
La voilà dans mon verre la nouvelle espèce ;
Elle sait louer, et bénit son Dieu sans cesse.

Si si grande est la blancheur de ta créature,

Seigneur, que grande encore sera ton allure.

La vie n'est pas que plein soleil et sortilèges,

Elle est aussi quelquefois neige, et pleine neige.

Seigneur, ma jarre est vide

Seigneur, ma jarre est vide,

Elle est vide.

Et tout autour de moi aussi, c'est le vide,

Comme le tombeau de ton Fils.

Ainsi ce soir sur mon fagot hélas lourd,

Je pense à ma jarre, elle est vide.

Et ce fagot n'a plus de fleurs,

Il est desséché parce que de la sève il est vide.

Les feuilles sont tombées des arbres

Pour écrire ces pages tristes de notre histoire

Où les hyperboles mal renversées deviennent des paramètres,

Et le jardin s'en trouve vide.

Le monde s'est attablé et se réjouit,

Mais le vin vint à manquer toujours,

Et Seigneur, leur jarre est vide,

Mon outre aussi est vide.

Pourrais-tu encore donner ton pain ?

Seigneur, ma jarre est vide.

Bats-toi, fils d'homme

Bats-toi, fils d'homme

Comme le cœur guerrier, dès les premiers instants,

Bat la vie en toi, et défonce les poumons

Pour te donner le souffle.

Bats-toi, fils d'homme sur les collines,

Comme l'eau prisonnière des rochers

Dégouline et se fraie son passage

Tout émoussée et empressée d'aller féconder la terre.

Bats-toi, fils d'homme dans la campagne

Où la terre moniale offre au soleil

Le pain enfoui dans ses entrailles

Qui nourrit les hommes.

Bats-toi, fils d'homme dans cette cité

Où les lois font autorité et te laissent reclus

Comme l'escargot apeuré.

Bats-toi et tu seras.

Chacun de nous est une goutte

Le ruisseau campagnard, trempé de joie,

Eau cueillie des roches et des hauts bois,

Pour embrasser la terre avec émoi,

Eau du haut et du bas, Tu la vois, ...

La pauvre rivière pèlerine

Au bal du vent, a bonne mine

Et chantonne la berceuse, sa mine,

Noblesse de sa sorte, Tu la vois, ...

L'immense océan aux vagues vantardes

Déploie, promène sa robe sans garde,

Puis fait à la rive son aumône,

Beauté permanente, Tu la vois,...

Océan, rivière et ruisseau

Chacun de nous est une goutte,

Cette goutte de la nuit, tombée.

Tu m'as fait un corps

Il est le limon

Loin des monts

Qui toisent ta Maison.

Il est le vase

Qui sans emphase

Avec toi nous met en phase.

Il est le temple

D'où se contemple

Ton amour si ample.

Il est l'image

Qui rend hommage

Au Maître des âges.

Il est la demeure

Du Verbe Seigneur

Qui lui donne valeur.

Il est ton Corps, Seigneur,

Le Corps de Dieu.

Le samedi soir

C'est bien samedi soir

Il ne fait pas encore noir

Car c'est l'empire du pur blanc,

Ce blanc de robe qui s'étend.

Elle est belle, et elle est si fine

L'épouse au corsage de fouine,

Ma sœur noire si solennelle

Comme toutes les demoiselles.

L'époux et son nœud-papillon,

Se gausse de son pantalon,

Ce brillant pantalon-cigare

Qui allume le boulevard.

L'église est aussi rutilante

Et semble ce ciel de détente,

Ciel temporel des mariés

Au commun destin parié.

Voilà ! L'anneau est enfilé

Et fait l'annuaire sans parloir.

Epoux, à vous alors ce soir

Pour engendrer les beaux matins.

Les thuyas d'Auteuil

Le soir tombait sur le village Auteuil
Et le soleil faisait déjà son deuil
Derrière les arbres et leurs feuilles.

Ce village, loin de Paris là-bas,
Etait dans sa robe de thuyas.
Haie qui à perte de vue se déploie.

Ils prêtent leur ombre, leur protection
A tous leurs fils de prédilection,
Loin de ces fous tuards de profession.

Tout près de là, l'allée des sycomores
Fait la merveille du tout grand Montfort
Et vante aussi son sublime confort.

La vie dans les villes est bien douce
Mais dans les campagnes elle est délices.

Si je te dis oui

Le non est facile
Et n'entache plus aucun nom
Et c'est que nous trainons
Dans cette société civile.

Le mariage ne fait que mirage
Des divorces- commérages,
Des sentiments de compliments
Où l'amour est un faux élément.

Tu demandes ma main
Pauvre bourgeois de Paris.
Moi je ne suis qu'une fille de Pontmay
Et si je te dis oui !

Voilà le parfum que je t'offre
Je l'ai sorti de mon coffre
Si son odeur te plait,
Elle embaume alors ta plaie.
Et si je te dis oui !

Le parc de Thoiry

Le beau temps nous avait accordé sa clémence
Et l'on pouvait admirer Dame Nature
Endimanchée à sa sorte sans grande allure
Pour nous initier de son temps à la semence.

L'autruche très élégante dressa sa perche
Pour picoter sa pitance toute hissée,
Et d'une démarche si sereine de reine
Sur notre voie de touristes était fixée.

Les alertes chevreuils eux dans les petits bois
Tenaient presqu'un cercle de déjeuner bourgeois
Pendant qu'à côté le zèbre à pelure rare,
Défiait la beauté de cette gente noire.

Au loin, c'étaient les éléphants africains,
Au dos poussiéreux comme leurs vrais voisins
Dont la corne au milieu du naseau
Ne pouvait point ressembler au bec des oiseaux.

Dis-nous : pourquoi es-tu si indifférent,

Maître Ours dans ton pagne ciré au vernis noir

Comme paraissent ces immobiles caïmans

Qui sûrement aucun être ne veulent voir ?

Le parc domestique s'est fait l'ami de l'homme

Animaux à civilisation humaine :

Cabri, canard, chèvre, coq, poulet, moutonne,

Se régalaient copieusement sans mal donnes.

Enfin les tigres nichés dans les branches d'arbres

Qui portent le mystère de ces vieux rois

Qui sèment au fond des cœurs bien de terreur

Mais enseignent en retour aux yeux leur
grandeur.

Le léopard ne semblait pas moins criard

Avec ses taches noires, loin du lézard

Minuscule et de tous ces fauves dangereux

Qui apeurent injustement les miséreux.

Que c'était bien beau de suivre le goûter

Au poulet du très grand seigneur Lion vouté

Qui dresse, ajuste sa ronde de crinière

Quand il se réveille et sent vides ses viscères.

Mais Madame Lionne n'est pas moins mignonne,

Si ce midi de miel elle ne déconne

Pour rugir dans cette clôture barbelée,

Nous geler d'émoi et de cris nous engueuler.

Les citadins des eaux étaient là dans l'étang

Croassant, caquetant, papotant, picotant

Et animaient sans faire tiquer leur concert

Habituel dans ce vaste lieu désert.

Dans le règne des animaux tout est nature

Et seul l'instinct et l'instinct est leur raison
pure.

Le lièvre baladeur

Le soleil venait de finir son rire
Et la nuit dépliait son rideau
D'étoiles adolescentes là-haut
Qui offraient aux arbres leur beau sourire.

La nature est toujours si généreuse
Dans ce vaste champ de blé moissonné.
Le lièvre prenait son coup d'air donné,
Les oreilles dressées comme mitrailleuse.

Les phares de la voiture troublaient
La soirée-ballade dans ce grand pré
Qui ses envies calmait et apaisait.
Il était tout libre, et désenchambré.

Le gorge-rouge lui tenait compagnie
Et admirait ce rongeur galant
Qu'il gratifiait de sa mélodie,
Gazouillement habituel des volants.

Ils sont beaux les animaux

Et seule notre sympathie il leur faut.

Un matin de décembre

Le grand coq se méprend dans sa vile besogne,

Battant à peine ses ailes qui lui rognent :

Pauvre bête hypersomniaque, elle détonne ;

Le timbre brouillé par les buées ; il ânonne.

Les étoiles avaient refusé leur éclair

A la terre et en étaient à mille lieux.

Le ciel platement gris, mi-sombre, mi-clair

Paraissait assez inquiet et silencieux.

Les feuillages noirs des arbres ne dansaient pas

Car les mélodies des oiseaux ce matin-là

Se turent et ne résonnèrent évidemment point.

L'air si frais augurait pourtant d'un beau matin.

Quel si court sommeil pour Monsieur le Soleil

Qui tôt dresse son drap au flanc de l'horizon !

Regardez l'harmattan asséchant le gazon.

La nature semble bien triste à l'éveil.

Oh ! Saules pleureurs, saules longs des sols arides

Rien ne console l'herbe folle et morbide

Qui crépite en attente du temps favorable.

Levez l'échine, le temps sera adorable.

Le soulard

Le voilà sorti de sa cabane
Visage ayant effleuré à peine
Les gênantes gouttes d'eau paysanne,
Rares boules sur sa peau d'ébène.

Il multiplie ses pas clandestins
Vers le petit bar encor fermé,
Fontaine immanquable où le destin
Le mène, nez et bouche en fumée.

Le fameux dard est sans doute prêt,
Vin doux, vin pur, ô vin sec de palme!
Le papier buvard s'en mouille gai
A levées de coude, sans un calme.

La liqueur à la saveur brûlante
Flatte ses papilles abîmées,
Détend son estomac comprimé.

Bientôt ses yeux trop lourds s'écueillent,

Dupliquent les objets à grands jets.

Sa langue se délie, grand recueil

Et ses pieds courant au danger.

Quand sobriété n'est qualité

Dans les moindres défauts de vos jours,

Vous chanterez dans l'ébriété

Le requiem pour le grand Séjour

Que dit l'oiseau sur l'arbre perché

Le flanc levé vers le ciel,

Mélodies et chants en son bec ?

Il te crie son existence

Heureux de te dire Créateur.

Que dit le nuage qui grouille

Tout noir de se faire blanc

Pour abreuver la terre ?

Il te crie son existence

Heureux de te dire Créateur.

Que dit l'air frais dans la nuit

Soucieux d'apaiser le sommeil

Et de remettre de la fatigue du jour ?

Il te crie son existence

Heureux de te dire Créateur.

Que dit le petit enfant

Abandonné dans les bras de sa mère

Balbutiant des mots à peine intelligibles ?

Il te crie son existence

Heureux de te dire Créateur.

Tu es infini mon Dieu

Qui a créé l'arbre et l'oiseau,

Le nuage et le vent,

L'air et le petit enfant.

Tout chante ton nom

Dans le bruit orageux des nuages,

Dans le silence froid de la nuit.

Promenade au bel air

La soif grandissait de découvrir
L'eau bavarde du lac Ahémé,
La merveille de Possotomé
Qui parle à ses hôtes à en mourir.

La clé-contact a tourné au libre
Les vitesses s'accélèrent molles,
Nos trois motos devenant plus folles,
Brisant l'espace, aux soins du calibre.

L'embrasure à perte de vue verte
Contrastait avec le rouge orange
De la voie devant nous bien ouverte
Comme les larges parvis des anges.

Les nénuphars des longues vallées
Nous dédiaient leur joyeux sourire,
Tout gais de nous voir nous en aller
Vers le village des souvenirs.

Perchés sur l'eau et sur pilotis

L'on peut savourer des spaghettis

Et tirer un vin d'anniversaire

Qui nous remet des jours ordinaires.

Au loin, une source éclaboussante

Aux gouttes tièdes et amusantes,

Eau pure, eau si claire, eau minérale

Qui coule sans fin, vraie eau thermale.

A ceux qui lui font confiance

La nature dit ses confidences,

Heureuse de livrer ses mystères

Pour distraire l'homme et le refaire.

Un jour dans la nuit

Il commence où finit le travail
Qui d'un lundi à un samedi,
En dépit de tout et sans répit
Tiraille l'homme et enfin l'émaille.

Chacun se met devant son couvert
Dans ce grand bar à ciel ouvert
Où se mêlent marchands et marchants
Qui négociant, qui mendiant.

La danse aux multiples pas grisés,
Les propos dévergondés des gars
Envoûtent les chevelures frisées
Puis tous allant dans l'ombre, s'égarent.

Débauche enlace légèreté.
Est-ce le trop plein d'une semaine
Qui se déverse en impureté,
Fatigue fougueuse et inhumaine ?

Fouine ton nez long dans la nuit

Et te ruine alors l'ennemi

Qui prend sur lui ton ennui

Pour faire de toi sa proie à vie.

Les nouvelles de mes roses

Ce ne sont pas les roses de Corfou[2]
Qui par leur parfum si doux rendent fou.
Elles sont miennes, qui toujours m'avouent
Leur beauté, et d'amitié me nouent.

Mon ami Kévin à la fin de Mai
M'a offert les tiges que j'ai aimées.
Je les ai confiées à mon cher père
Qui les a mises doucement en terre.

La matinée m'était très refaisante
Ce mois d'Août à l'aube très reposante.
Le bourgeon attendait patiemment
D'éclore aux rayons du soleil brillant.

L'air frais a effleuré la robe rose
De la première-née qui venait
De s'ouvrir au ciel bleu qui l'arrose,
Comme une mère et son bébé qui naît.

---

[2] Nana MOUSKOURI, Roses blanches de Corfou.

Hier, m'a été portée leur nouvelle :

Un rosier de six roses nouvelles !

Il chante sa parure à tous les hôtes

Qui voient le grand joyau, et de joie sautent.

Roses admirables ; lorsque je vous vois,

Mon cœur aussitôt déborde de joie

Et loue Dieu qui vous aime mieux.

Au feu rouge

Le phénomène amuse toujours
Et alors je m'arrête tout court,
Comme on peut arrêter sa SAVVY[3],
Comme on peut arrêter sa vraie vie.

La ville est traversée de bruits.
Elle grouille fort à rendre sourd,
Le temps nous emmène dans son cours,
Nous sommes partis jour et nuit.

Le feu est bien passé au rouge
Et plus rien à l'instant ne bouge.
Les visages variés décuplent
Leurs couplets de sentiments multiples.

Ils épient avec impatience,
Ils patientent avec prudence,
Le vert ordinaire qui relance
Et qui fait reprendre l'endurance.

---

[3] Marque de ma moto d'ordination.

Les fumées bleues m'ont piqué les yeux

Me rendant un peu plus furieux.

J'ai vu des larmes dégouliner :

La vie nous a toujours laminés.

Arrêtons-nous au rouge caché

Qui ne passera jamais au vert.

C'est de l'éternelle lumière

Qui à Dieu nous a rattachés.

Le football à midi

Quand du corps rutilant du forgeron

Je vois les grosses perles de sueur,

Elles me rappellent mes moindres givres

Du football dont nous étions très ivres.

Ayant à peine fini le primaire,

Et ses parties de marelles ordinaires,

D'autres divertissements attendaient

Au flanc large du lac qui s'étendait ;

Sous le soleil si haut aux dards fléchants

Nous partagions sans fin le boulet

A nos petites jambes s'accrochant

Pour de notre adversaire le filet.

La terre toute nue incandescente

Nous rôtissait la plante des pieds

Et comme ces gambadants béliers,

Nous faisions nos fières détentes.

Le grand son de cloche toujours maudit

Etait le seul arbitre des parties,

Nous renvoyant à la douche d'eau fraiche

Dont les gouttes d'elles-mêmes se sèchent.

O Adjatokpa mon beau séminaire !

Tu as été notre pépinière,

La mère de tous ces petits enfants

Qui parfois pleuraient leurs parents absents.

Seigneur, tu n'as pas vieilli

L'avion m'avait emmené haut

Dans le ciel, loin des cheminots,

Sur les passerelles de nuages,

Large avenue sans aucun feuillage.

Comment as-tu pu créer Seigneur,

Ces beaux pays sans grain de poussière

Où tout exhale la seule odeur

De la vaste nature ouvrière ?

J'ai déposé ton Corps si vivant

Petite hostie brunie au fournil

Dans la paume de ces mains en file

Qui désirent toujours ton froment.

Lorsque j'ai vu la nonagénaire

Presser alors ces vieux poumons

Pour me répondre "amen" à ton nom,

J'ai su, tu es le Même qu'hier

Qui réchauffe et qui ragaillardit :

Seigneur Jésus, tu n'as pas vieilli !

Un orage à Tchanvédji

Le silence élisait déjà domicile
Dans ce village trop asséché,
Dans ce lieu de silence.

Le sommeil flatteur emportait
Telle une dulcinée dans la pénombre
Les corps éprouvés et qui se vautraient.

Seuls les mouches et moustiques
Entonnaient à leur Maître
L'hymne de trompettes.

Une déflagration soudaine
Comme ce coup de Lucifer
Dans la marre des pénitences.

Le ciel se plaignait de luminaires
Trop serrés qui se précipitaient
Sur la terre de ce pauvre village.

Le vent enragé se mit à hurler

Et à soulever de terre

Tout ce qui était giroflable.[4]

Sables, cailloux, pierres et feuilles

Apprirent à courir et se maintenir

Dans l'air à la furie.

Les fils électriques ne tenaient plus.

On devait subir encore

La nuit des mille jours.

Plus rien ne pouvait distinguer

L'émoi de l'effroi.

Même les porcs avaient perdu foi.

De nous, les uns s'accrochèrent

Aux arbres pourtant affolés,

Les autres s'étalèrent au sol balayé et dénudé.

On dirait la fin des temps.

---

[4] Tout ce qui peut tourner, néologisme du verbe italien girare.

Mais ce n'était que ce jour,

A la sortie mensuelle bouleversée.

Que souffle le vent et que s'agite la terre,

Amis, ne perdez jamais votre souffle et l'air.

Tchanvédji

De loin, le village semblait Golgotha

Et très loin comme Bogota,

Sur ces coteaux dressés devant nous.

Serrés à huit dans une voiture

Qui n'avait plus de colorure,

Tout allait plus vite que nous.

Nos pensées nous devançaient dans la tête

Et ne nous promettaient aucune fête.

Car là-bas, tout est autre que nous.

Les aînés aux barbes mal taillées

Et aux dents déjà émaillées

Voulaient tout terroriser en nous.

Le véhicule gara devant ce bâtiment

A peine achevé, prêt au régiment,

La maison blanche chez nous.

On était bien averti du désert :

Pas de réseau et pas de cellulaire,

Car c'est l'enfer formateur pour nous.

Mais Tchanvédji, ma Mère,

Tu as été notre Terre,

De l'exil pour nous.

Les travaux champêtres hélas durs

Nous conféraient le cuir de résistance pure,

Car il fallait devenir mûrs par nous.

De ton lait scientifique

Et de tes breuvages théologiques

Nous nous sommes nourris, nous.

La liberté de tes palais

Etait vraiment sans relais

Et elle était fierté entre nous.

La paix de tes parvis devenus beaux

Ne pouvait qu'être l'escabeau

Et des formateurs, et de nous.

S'il fallait choisir sa Mère,

Je te choisirais sans pensée vicaire,

Car tu nous as faits, tes fils, nous.

L'horloge

Qui vous a faites, pauvres aiguilles,

Nues comme les sourcils qui papillent

N'envient pas la grosseur des goupilles ?

Qui vous a faites, pauvres aiguilles,

Triade au tic-tac si monotone

Qui fait sauter Soleil de son trône ?

Qui vous a faites, pauvres aiguilles

Qui pressez les métros sur les rails

Qui de leurs bruits sourds nous assaillent ?

Qui vous a faites, pauvres aiguilles

A la danse jamais arrêtée

Qui couple jours et nuits complétés ?

Qui vous a faites, pauvres aiguilles

Qui précipitez la pluie sur terre

Pour reprendre la chaleur d'enfer ?

Qui vous a faites, pauvres aiguilles

Au bras de l'arbitre coureur

Qui des joueurs limitent l'horreur ?

Qui vous a faites, pauvres aiguilles

Qui écourtez le très doux sommeil

Du corps encore loin de l'éveil ?

Qui vous a faites, pauvres aiguilles,

Dans la haute gueule de nos cloches

Qui sonnent fort au-dessus des roches,

Qui vous a faites, pauvres aiguilles

Qui arrêtez le régal- midi,

Ce football qui nous ragaillardit ?

Qui vous a faites, pauvres aiguilles,

Vous êtes l'éternité !

Lire

Lire, Steven, est un jeu du primaire
Quand notre maîtresse avec son bâton
Touche au tableau l'étrange abécédaire.
Et que très joyeux les mains nous battons.

Lire est aussi une curiosité
Quand sur nos tables d'adolescents,
Abondent toutes sortes de romans
Qui nous ouvrent à la subjectivité.

Lire est encor devoir d'étudiant
Quand gros livres sur gros livres s'empilent
Et deviennent affreux stupéfiant
Qui vous imprime enfin un bon profil.

Lire est un vrai plaisir de retraité
Quand tous les journaux il faut feuilleter
Et qu'alors dans son fauteuil bien vautré,
Il écrème les colonnes feutrées.

Mais toi, mon cher neveu, apprends à lire

Le regard de tes parents sans pâlir,

Et ce beau livre inédit de la vie

Qui te tiendra beaucoup compagnie.

On peut lire la vie avec plaisir,

Quand la curiosité se fait devoir

Et que donc, vivre c'est apprendre à lire :

Enfant, mets-toi à ton livre ce soir.

Ses pages paraissent toujours très mates

Et ses fumantes encres varient assez.

Mais ses lignes sont infinies et droites :

Le livre est chantier et sentier.

Mon petit Gaffiot

La déclinaison du premier mot Rosa

Qu'heureux nous apprenions à Adjatokpa

Nous avait donc amenés à ce Gaffiot,

Petit dictionnaire de poche et des temps chauds.

Les D.T.L[5]. redoutables de Djimè

Nous faisaient beaucoup suer, pleurer et trimer

Devant ces étranges versions de Cicéron

Qui n'étaient point de notre latin de biberon.

Nous feuilletions et copions Gaffiot.

Il semblait un peu   trop volumineux parfois

Dans nos tremblotantes mains de jeunes marmots

Qui le tripotaient mal et gémissaient sans voix.

Pourtant nous connaissions le Petit Mangin[6]

Avec sa syntaxe et ses exigeantes règles.

---

[5] Devoir en Temps Limité.

[6] Livre de grammaire latine.

Mais il paraissait rude à l'esprit espiègle

Qui ne voulait pas s'ouvrir au destin latin.

Ses pages véritablement blanches et neuves

Etaient bien inégalables à celles jaunes

De ce Gaffiot qui donne la fièvre jaune

De peur à ceux qui alors plus rien ne peuvent.

Te voici encore sur mon chemin

Pauvre pain de mes jours et lendemains !

Laisse la maison de ton père, et va...

C'est la voix au-delà des tombes,

C'est la voix au-delà des arbres,

Qui grouille et fend telle une bombe,

 Cette terre au lourd poids de marbre.

Vois, Houénou, ton toit délabré,

Aux murs dont le sang crie vengeance

Et aux moustiques macabrés

Qui de toi font proie et bombance.

Tous voient déjà ton talisman

Rougi au sang du pauvre enfant

Qu'hier nuit a fait le méchoui

Dans ton gros canari enfoui.

Le mal te nie les grandes portes

Du bonheur et de la paix forte.

Quand tes fils tu as envoûtés

D'alcoolisme et de folie liés.

Depuis des mois, Agbé s'allonge

Dans les rigoles des ponts sales.

Et là il fait commune éponge

Avec les canards sous ces dalles.

Ses deux gros yeux exorbités

Découchent de son front peté,

Tel le foyer du forgeron,

Vraie fournaise de son giron.

Sa femme porte une grossesse

De dix-huit mois-et-demi

A cause de tes bassesses,

Le pétrin où tu les as mis.

Essé a perdu la sienne

Qu'en œuf fut réduite sans peine,

Que tu as bu sans pitié,

Musaraigne très assoiffée.

Laisse cet héritage noir

Qui cause tes fréquents déboires.

Et chasse ces oiseaux hideux
Qui crient sous ton lit pierreux.

C'est la voix suivie des ancêtres,
Cette voix aux échos orchestres
Qui dissipe la nuit du mal
Et fait crouler ton sol, ton toit.

Loin de mon pays

Seul sur cette voie bruyante à mille personnes,

Mains gantées, flanc chapeauté je vais mon
chemin

Côtoyant sans fin des frères et sœurs qui
s'étonnent

De rencontrer un autre frère et un prochain.

Seul dans ce temps si mortel appelé hiver

Je grelotte de froid me menottant le cœur

Je pleure de l'Afrique la douce chaleur

Qui fait sauter de joie même le criquet vert.

Quand tu reviendras encore de l'Afrique,

Rapporte-moi, ô Vent voyageur, le plein sac

D'air qui ne te coûtera pas même un seul fric.

Et si du Sahara tu rencontres les grains

De sable qui du beau soleil prennent un bain

Viens me combler de leur rire cristallin.

Sur la lune

Sur la lune tu verras
Le bleu du ciel,
Bleu de la vie.

Sur la lune tu verras
La tranche du bonheur
Que se partagent les amis.

Sur la lune tu verras
La ronde des hirondelles
Qui chantent Emmanuel.

Sur la lune tu verras
Dame Reine aussi
Qui chante Magnificat.

Sur la lune tu verras
Cet au-delà,
Dieu notre Père.

La voie lactée

Tel était le beau nom qu'on lui donnait tout haut,

Cette haie dont le parfum sans confusion

Vous mettait dans les mains de ce Petit Démon

Qui tentait nos appétits de jeunes marauds.

Ses mangues rares s'appelaient camerounaises.

Elles avaient cette rondeur pointue de fraise

Et ressemblaient à ces oranges jolies-fines

Qui sur la poitrine des femmes font collines.

Elles attiraient même le plus pieux de nous

Qui chapelet en mains, disait le Notre Père,

Et de tout son cœur récitait tous les mystères,

Pour ne pas faire bande avec les cœurs voyous.

Rien que la peau de notre camerounaise,

Très morbide sous nos dents assez dévoreuses

Notre faim, notre désir, notre jeu apaise

Comme une unique et une jalouse envouteuse.

Quand elle était nue et de sa chair suinte

Le jus laiteux qui faisait bien nos délices,

Un gros sourire d'ange respectueux glisse

De nos visages et déclenche la salive.

Salive et jus ensemble comblaient le grand creux

Provoqué par ce T. M.[7] toujours très affreux

Lorsque nous fabriquions les butes d'igname

Pour ce séminaire tant aimé Notre- Dame.

Une saveur appelait une autre, suave

Qui décidément et à belles dents nous gave.

Seul le son de cloche viendra nous arracher

A ces mangues -sauveurs des arbres détachées.

Quand le recteur nous surprenait tout furieux

La réponse giclait, nous nous croyant malicieux :

Et sans penser : "Nous leur sauvons la vie, Mon Père !"

Il fallait être des écolos[8] peu ordinaires.

---

[7] Travail manuel.

[8] Ecologiques.

Mais aussitôt les menaces de grand renvoi,

Toutes les punitions sur nous se déploient.

Car qui ne se passe d'une camerounaise

Ne pourra se retenir de ces belles fraises.

O merveilleuse voie lactée de Fatima

Ton souvenir nous fait faire toujours un pas !

L'indifférent

Tête baissée, regard bloqué,

Mon indifférent est rivé

A son idole fabriquée

Qui ne promet pas d'arrivée.

L'ère de la digitation

A ravi l'homme à l'attention,

De la table des cœurs en un

A la tablette IPad en main.

Il a les oreilles bouchées

D'un écouteur sourd, plein de sons

Plaques vidéo et audio.

De ces réformateurs idiots.

Dans les rues il parle tout seul

Gesticulant comme ce rat

Que surprend le beau jour peulh,

Qui a des yeux mais ne voit pas.

Rompez un instant ce filet

Qui de tous nous a isolés !

Je m'appelle Paulin

Les souvenirs sombraient dans sa tête.
Ma mère gardait pourtant parfaite
La composition du prénom
Qu'aujourd'hui tous nous retenons.

Je lui ai demandé comment
J'ai ouvert les yeux au firmament
Après mes deux frères et deux sœurs
Dont la naissance était sans douceur.

Mais à moi, d'un sourire d'humour
Elle disait par tout son amour
Comme je devais m'appeler Jean
Selon le calendrier d'antan.

Le Sept Avril quatre-vingt-et-un
Est ce jour qui a porté Paulin
Sur le plateau tout beau de la vie
Et dès lors j'en suis sur les parvis.

« Son père s'appelait déjà Jean

Donnons-lui maintenant Paul.

Ce prénom peut-être lui colle »,

Suggérèrent quelques bonnes gens.

« Malheureusement son grand cousin

Répond aussi à ce nom d'airain.

Ajoutons-y un diminutif » :

Propos décisifs, définitifs

De la sage-femme, la Rita.

Et je m'appelle Paulin, voilà !

Les rimes de l'amour

L'amour est sans poème
Et se vit sans je t'aime.
L'amour est une force
Qui ne connaît divorce.
Il est fidélité
Et construit l'unité.
Vérité est sa sève
Autrement l'amour crève.
Otez-lui l'arithmétique
Il devient pratique.
L'amour est abandon,
Il accorde pardon.
L'humilité son école
Où personne il n'isole.
L'amour est sacrement
Et nul ne le comprend :
L'amour est Dieu.

La grenade

Sur les places plus de ballade
Partout détonne la grenade,
Ce grenier aux feux de balle
Au dos du soldat caporal.

Mais cher éminent commandant,
Plus belle la grenade rouge
Qui rien ne bouge
Dont le cœur est si fascinant.

Prends et déguste ses graines
Bien gonflées d'eau de la vie,
Suc aux mille merveilles d'ici
Qui vous remet des vaines peines.

A toi, et ta proie de quartier,
Elle vous essuie la sueur
De ce permanent dur labeur,
Ce sang répandu des sentiers.

Jette ta grenade fumante

Vite, cours et monte dans l'arbre.

C'est là le sommet du vrai havre

Qui protège des bombes tombantes.

As-tu remarqué le garçon

Evanoui dans le buisson

Et tout muet comme un poisson

Anéanti par l'hameçon ?

Tends-lui une seule grenade

Et il vivra pour des décades.

Mon appel

De passage dans les parages de mon village

Seigneur, tu me soutires à mon entourage

Pour un voyage sans présage.

Le jour a fait son témoignage

Et la nuit plonge le paysage

Dans l'ombrage du feuillage.

Seigneur, montre-moi ton visage

Et je marcherai dans ton sillage.

Reste avec moi davantage

Et je refléterai ton image

Pour te rendre hommage

Au long de tous les âges !

Qui serait-ce ?

Je promenais ma silhouette noire
Sur le visage d'herbes lancinantes
Qui revenaient du sommeil, dans l'attente
D'une nouvelle sortie pour le soir.

Obliquant mon regard vers les nuées,
Il était une figure angélique
Au sourire d'un enfant sympathique
Devant qui je tombai éberlué.

Qui serait-ce, amour si apaisant
Au doux régal du miel campagnard,
Aux délices joyeuses du nectar,
Du doux vin de palme très refaisant ?

Qui serait-ce, ô Beauté angéline,
Séraphique comme une lune reine,
Pareille à cette si belle marraine,
Une lune parée de brillantines ?

Je l'aperçus et il m'ouvrit ses bras,

Ses bras ouverts m'offrirent alors son cœur,

Son cœur offert m'abreuva de douceur,

Alléchante douceur qui m'enivra.

C'était le Seigneur dans le chant du vent,

Dans le cri des corbeaux et des oiseaux,

A la cime des nîmes et filaos,

Tout près de moi dans ces êtres vivants !

Les jardins de l'homme-Dieu

Dans le Jardin premier d'Eden,

Sur les sillons de l'histoire humaine,

L'arbre, cet arbre de vie fut mis,

Le fatal appât d'Adam et d'Eve,

Et pourtant, bon il était de sève.

Dans la belle étable à Bethléem,

Sur la planche des animaux mêmes,

Le bourgeon, ce bourgeon luisait :

Tentante proie d'Hérode le Paon,

Et pourtant, il était rayonnant.

Dans le Jardin des Oliviers,

Où les Douze étaient conviés,

La fleur, cette fleur avait terni,

Pathétique article de Judas,

Pourtant, belle était au Repas.

Dans le haut Jardin de Golgotha,

Que délimitent les bois croisés,

Le fruit, ce fruit de vie fut jeté,

Œuvre des soldats, des renégats,

Pourtant, mûr il était à l'achat.

Annonciation

Dis-nous Marie, peut-être ce soir-là

La surprise qui du dedans t'a prise

Et qui subitement a fait ta crise.

C'est sûr, tu ne comprenais vraiment pas.

Dis-nous Marie, peut-être ce soir-là

La lourde honte qui t'a mise en fonte

Devant ton époux Joseph qui surmonte

Avec peine l'aurore qui l'abat.

Dis-nous Marie, peut-être ce soir-là

Le jubilé de ton Magnificat

Que tu déclames, joyeuse cantate

De la femme si comblée d'ici-bas.

Saint Joseph

Prends dans ta maison Joseph, ta femme Marie,
Car l'Enfant qu'elle porte est un fruit béni !

Quel sera l'enfant, cet enfant qui me vient ?
Quel sera l'enfant, cet enfant à accueillir ?
Quel sera l'enfant, cet enfant qui se fait mien ?
Tu te demandais sans fin pour ne pas faillir.

Recueilli dans le sanctuaire de ton cœur
Où tu ruminais la nouvelle sans pareil,
Ton désir et le seul de ton intérieur
Etait de laisser ta fiancée, sans conseil.

Bon sens, confiance, patience, et prudence
Rimaient ton audience particulière
Avec Yahvé Dieu la Toute Providence
Qui à sa sublime cause te conquiert.

La Sagesse rengaine ton intention
Et muet-aveuglé devant le clair- obscur,

Tu ne peux que réaliser ta vision,

Ton bleu songe qui te met dans une aventure.

Prends dans ta maison Joseph, ta femme Marie,

Car l'enfant qu'elle porte est un fruit béni !

O Joseph, le paisible refuge du Verbe,

Donne-nous de garder en toutes circonstances,

Le silence vertueux qui fait croître l'herbe

Sur le terreau fertile de la tempérance !

O Joseph, le vénérable Père adoptif

De l'Enfant tant annoncé et tant espéré,

Rends-nous quotidiennement très attentifs

Aux signes divins, et à les considérer !

O Joseph, le fidèle intendant du trésor

Que Dieu a daigné déposer dans ton foyer,

Aide-nous à mûrir nos talents, et encore

Sans nous dévoyer, moins sans les fourvoyer !

O Joseph, le Saint Charpentier, appliqué,

De tes propres mains tu as nourri ta famille,

Imprègne nos sens de l'ardeur, sans abdiquer,

Au travail qui fait poindre de sapotilles !

Au berceau de Jesus

Fils du Très- Haut, mon grand espoir,

A ton berceau, pauvre mangeoire,

Enfant tout beau, je te rends gloire !

Dans la morne et terne nuit

Où la terre a tu ses bruits

Le ciel a émis son fruit

Les ténèbres se sont enfuies

Et pour nous tirer de l'ennui

La lumière divine a lui.

A la lumière de l'Etoile

Quel grand mystère se dévoile ?

A la lumière de l'Etoile

Qu'ont vu les bergers sous le voile ?

Un petit enfant dans la toile

De paille, couverte de poils.

Désormais le jour s'est levé

Nos péchés seront enlevés.

Désormais le jour s'est levé

Pour chaque jour nous relever.

Désormais le jour s'est levé

Pour que l'Enfant soit élevé !

Epiphanie

Guide-nous brillante Etoile
Vers le Roi, la seule Etoile !

Partis du soleil levant,
Partis du noble Orient,
Les mages ont pris la route.

Les voici pour Bethléem,
Ces géants des extrêmes
Sur les traces de l'Etoile.

Qu'iront-ils voir de leurs yeux ?
Un roi, un roi glorieux,
A la mode de ce monde ?

Guide-nous brillante Etoile,
Vers le Roi, la seule Etoile !

Quelle surprise d'aplomb,
Quel renversement profond ?

Un Enfant dans un bercail !

Pourtant leurs présents sont grands,
L'or et la myrrhe et l'encens :
Leur immense gratitude.

Qui es-tu Fils de Marie
Qui mènes à tes parvis
Notre terre entière ?

Guide-nous brillante Etoile
Vers le Roi, la seule Etoile !

Baptème du Seigneur

Seigneur, saisis-moi par la main
Et descends-moi dans le Jourdain :
Je veux y laisser mon humain
Pour revêtir ton corps divin.

Seigneur, tire-moi de ma course
Et plonge-moi dans la vraie source :
Je veux y déverser ma bourse
Pour puiser d'immenses ressources.

Seigneur, sors-moi de mes îlots
Et plonge-moi au fond de l'eau :
Je veux y mettre mon pilot
Pour vivre en toi mon matelot.

Seigneur, garde-moi de l'envie
Et remets-moi sur tes parvis :
Je veux y prendre tes avis
Pour mieux refaire ma vie.

Transfiguration

Prenant avec lui Jacques, Jean et Pierre,

Les conduisant bien hors de la campagne,

Le Fils de Dieu les plaça sur une montagne

Et là les introduisit dans la prière.

Mais soudain l'on vit se lever un jour nouveau.

Ses vêtements prirent la couleur d'or d'Ophir

Que faisait ballotter mollement le zéphyr,

Et aussi son doux visage aux traits d'un agneau.

La nuée étendit alors sa haute voûte

Et enveloppa le Fils de l'Homme radieux,

Dans une auréole, lumière de feu

Où le Père et l'Esprit Saint étaient sans nul
doute.

On dirait un bel admirable être angélique

Sortant de la pure enceinte du paradis,

Ou une belle jouvencelle de midi,

Un lumineux candélabre des basiliques.

L'invisible venait d'emprunter le réel.

Apparurent les prophètes Moïse et Elie

Aux côtés de l'Homme prodigieux, le Messie.

La terre se vit apparentée au ciel.

Pierre, traversé jusqu'à la fine moelle

Par cet événement à nul autre pareil

Clame à demi-voix susurrante ses merveilles

Hélas flétries par une frayeur pinéale.

Les arbres, bercés par le doux vent épuré

Avec leurs luisantes feuilles flamboyantes

Se plièrent tout sagement, cimes ondoyantes

A la vue de Jésus le Christ transfiguré.

S'allumèrent fous rochers et grands végétaux,

Incandescents de cette aveuglante splendeur

Qui fait luire les pierres de sa candeur

Et fait rire les grains de sable et les cristaux.

Eucharistie

Parle, Seigneur, au creux de mon cœur
Ce fascinant langage du pain,
Ce fascinant langage du vin,
Ton Corps, ton Sang pour notre bonheur !

Fraie, Seigneur, le long de mon esprit
Ce chemin qui conduit les pas
A la belle table du grand prix
Où à nous tu t'offres en repas !

Inaugure au fin fond de mon âme
Ce royaume du comble éternel,
Demeure de gloire sans infâme,
Ton trône royal, ton saint autel !

O Toi Jésus mon divin Amour,
Reste avec moi éternellement,
Car sans ta présence maintenant
Mes jours seront trop lourds et très courts !

Sacré-Coeur de Jesus

Ouvre-moi, Jésus, ton cœur
Refuge sûr du pécheur !

Ce cœur aimant qui se donne
Et ne reçoit de personne,
L'Ami fidèle et affable !

Ce cœur ouvert qui accueille
Tous et chacun à son seuil
Tout en tous totalement !

Ce cœur au sang répandu
Sur terre et son étendue,
Partout présent en tout temps !

Ouvre-moi, Jésus, ton Cœur,
Refuge sûr du pécheur !

Ce cœur pur, saint et sans tache
Qui sanctifie le regard

Et ramène qui s'égare !

Ce cœur miséricordieux
Qui remet tous les péchés,
Oint l'homme de son cachet !

Ouvre-moi, Jésus, ton Cœur,
Refuge sûr du pécheur !

Resurrection

O Jésus le Roi de gloire,
Sauve-nous par ta victoire !

Il venait d'être midi
Lorsque retentit le cri :
Tout est accompli, Seigneur,
Prends ton Fils dans ta demeure !

Le ciel perd sa couleur,
La nature est en douleur
Et s'éteint dans le sommeil.
Quand paraîtra le soleil ?

Dans la nuit du silence
Fut déposée la semence
Que va couver le tombeau,
Nouveau berceau du Très-Haut.

O Jésus, le Roi de gloire,
Sauve-nous par ta victoire !

Toi terre, que ressens-tu
Accueillant le Christ Jésus,
L'Agneau si saint et si pur
En tes entrailles obscures ?

Mieux que des mois de séjour,
Ce sera en tout trois jours.
Sa tige tout haut s'érige,
C'est le merveilleux prodige !

Voici revenue l'aurore !
Le Christ remonte des morts.
A la mort il a tout pris
Car en lui il n'est que vie.

O Jésus, le Roi de gloire
Sauve-nous par ta victoire !

Ascension

O pur azur, voilure sans mesure

O pur azur, toiture sans bordure,

O pur azur, coiffure sans tissure !

J'ai étendu ma vue sur ta vêture

Elle n'a pu saisir ta vraie parure,

O pur azur, coiffure sans tissure !

J'ai bien voulu atteindre ta hauteur,

Mes yeux n'ont pu découvrir ton Auteur,

O pur azur, coiffure sans tissure !

Peut-on retrouver en tes profondeurs

Celui dont ta candeur dit la grandeur ?

O pur azur, coiffure sans tissure !

O pur azur, voilure sans mesure

O pur azur, toiture sans bordure

O pur azur, coiffure sans tissure !

Veilleurs, debout, qu'attendez-vous encore ?

De son tombeau Jésus le Christ est hors.

O pur azur, coiffure sans tissure !

O témoins, courez et filez

Car Jésus vous attend en Galilée.

O pur azur, coiffure sans tissure !

Galiléens, pourquoi être tourmentés ?

Dans les cieux, le Rédempteur est monté.

O pur azur, coiffure sans tissure !

Dansez à la cadence de la joie

Cadencez votre danse sur la foi !

O pur azur, coiffure sans tissure !

O pur azur, voilure sans mesure

O pur azur, toiture sans bordure

O pur azur, coiffure sans tissure !

Pentecôte

Souffle, souffle,

Esprit saint aux quatre vents du monde

Souffle, souffle,

Esprit, Que tes grâces nous inondent !

Au matin de la création, sombre toile,

Resplendissante et florissante Lumière

De tes ardents rayons tu éclairais la terre.

Illumine notre nuit de tes étoiles !

Des cieux où tu descends, Colombe toute
blanche,

Au Jourdain pour couvrir Jésus, le Fils de
l'Homme,

Revêts notre corps de tes précieuses plumes,

Seule blancheur pour le cœur qui sur toi se
penche.

Au cénacle où tu apparais, Langues de feu,

Sur les Apôtres drapés de grande torpeur,

Tu les ravis à la tristesse de la peur,

Rends-nous toujours rayonnants, joyeux et heureux !

Assomption

Gabriel avait porté la Nouvelle :
La Nouvelle Eve parée si belle
Devait revenir dans le Jardin
Près du Nouvel Adam, Fils divin.

L'air frais avait brisé sa cadence
Les nuées avaient cessé leur danse,
Le ciel vêtu de sa robe blanche
Pour célébrer un si beau dimanche.

Les anges descendirent du ciel.
Dans un cortège révérenciel,
Ils emportèrent l'Immaculée
Que Dieu veut congratuler.

Sa splendeur, candide lumière
Jetait ses couleurs d'or sur la terre.
On dirait une admirable moire
Dissipant alentour les flots noirs.

Le chœur des Saints, des Anges et Enfants,

Au son du cor et des olifants

Sur l'accord majeur de leur Fiat,

Chantait l'infini Magnificat.

Vierge Marie de Dieu

L'homme porte l'homme et engendre l'homme
Comme du pommier naît une pomme.
Ainsi se conçoit bien l'histoire humaine
Malgré ses poids, malgré aussi ses peines.

La femme porte l'homme, et engendre l'homme
Tendre mère qui naturellement
Transmet la vie et assez pleinement
Et de ses seules entrailles le nomme.

La femme porte et engendre Dieu
Mystère et mystère devant nos yeux
Eclairés par cette lumière des cieux
Déplumant la raison sans contentieux.

La Vierge porte et engendre Dieu
Qui respecte le sacré de son corps
Et le sacro-saint de son esprit d'or
Dieu de fidélité, Dieu audacieux.

L'homme porte Dieu dont il est reflet.

Son image unique, belle et vraie

Qui se fait désormais chair sans ivraie

Pour toujours le restaurer et sans frais.

O Vierge-Marie, prête ton sein

A cette pieuse femme qui se plaint

De ne pouvoir porter elle jamais

Un enfant qui à sa honte met fin.

O Vierge- Marie, prête ton sein

A ce jeune, à ce beau gars sans grain

Qui ignore la vraie fécondité

Et se limite à celle-là des reins.

La femme est mère de l'humanité,

La vierge de la divinité.

Sainte Trinité

Quel mystère, Sainte Trinité
De pluralité dans l'unité !
Quel mystère, Sainte Trinité
Qui surpasse mon humanité !

A un trèfle moi je te compare,
Serait-ce peut-être un bon départ !
Mais n'est-il pas le moindre écueil
Dans le symbole de cette feuille ?

Mieux, pourrais-je des trois pierres
D'un foyer te donner une image ?
Mais elle ne te dit entière.
Alors persiste bien mon ombrage.

Dis-moi, t'assimilerais-je en somme,
A ces trois silhouettes de l'homme ?
Elles semblent toujours imparfaites,
Découvre enfin ma petite tête.

Laisse-moi alors te voir à fond

Dans le ciel ouvert de ma foi

Car sur la terre de ma raison

Je m'enlise, ébloui de toi.

L'Immaculée

O Marie, la Mère Immaculée
L'Immaculée de Galilée
Prie pour nous nous pécheurs omnibulés !

Conduis-nous vers ton Fils le Verbe
Bercé dans la fraîche crèche de gerbes
Et par le doux murmure des herbes.

Gracieuse et pieuse Femme des femmes
O radieuse Dame des dames
Intercède pour nos pauvres âmes !

O Mère, Vierge des vierges
A l'autel divin sois le cierge
Qui pour nous brûle et émerge !

Dans la barque

Jette là ta frange d'incroyance
Quand tu suffoques d'impuissance.

Cours au guichet de la confiance
Et paie ta quittance de relance.

As-tu ta pagaie de résistance ?
Balaie les vagues de ta souffrance.

Assèche ta sueur de défense,
Cette belle perle d'espérance.

Lance ton grand filet de pitance
Et déploie toute ta compétence.

La brise te chante son silence :
Courage, sois à la Providence !

Mère église

Chante-moi ta berceuse, douce Mère,
Ce bel air des champs qui me désaltère !

Radieuse épouse du Souverain
Aux atours luisant des saintes grâces
Du Souffle vivifiant, l'Esprit Saint,
Je t'admire, à toi mon hyacinthe !

Majestueuse comme une princesse
Dans sa frêle robe printanière,
Tu vas ton chemin toujours et sans cesse
Sur les pas des apôtres, ton repère.

Gardant ta féale blancheur de neige,
Tu sors tes enfants de l'obscurité
Qui sur notre terre les assiège,
Leur montrant la voie de la sainteté.

Sous ton pennage, aimable bergère
Toi, tu les rassembles de toutes parts

Dans cette unité commune des frères
Que jamais rien et rien ne sépare.
Chante-moi ta berceuse, douce Mère,
Ce bel air des champs qui me désaltère !

Quand se soulèvent les grandes tempêtes
Et que tout semble emporté par le vent,
Protège continûment donc la tête
De tes fils par ton large paravent !

Quand s'amoncèlent les nuages épais
Et que, soudain, la nuit voit le jour,
Fais régner dans les cœurs troublés la paix
Qui vainc la peur et procure bravoure !

Quand s'abattent alors drues les pluies
Telles des flèches assommant la victime,
Sois pour tes fils et tes filles un appui
Indéfectible et sûr aux heures ultimes !

Chante-moi ta berceuse, douce Mère,
Ce bel air des champs qui me désaltère !

Page web: www.livres.us
Auteur: paulin@livres.us
Editeur: editeur@livres.us
Facebook: @ArtLit7
Twitter: @AfroBooks

Autres Oeuvres chez Solara Editions

1000 Héros Africains (Non-fiction)

Belles Poésies de Cœur et de Corps (Poésie)

Brin d'Hysope (Poésie)

Coming Back (Poésie)

Eclats de silence (Poésie)

Essais sur le Bénin (Non-fiction)

Fruits de l'Esprit (Poésie)

L'Evangile Pratique (Non-fiction)

La Bible Essentielle (Non-fiction)

Légendes Inédites d'Afrique (Contes)

Le Manuel du Milliardaire (Non-fiction)

Nude and Alive (Livre d'Art)

Pensées Profondes (Poésie)

Perles et Pensées (Poésie)

Poisonous Snakes in Benin (Non-fiction)

Reconnaissance (Poésie)

Red Blue and Green (Livre d'Art)

Testament Spirituel de SBJ Oschoffa (Non-fiction)

Vie des Etudiants Africains en URSS (Non-fiction)